AF611863

RAPPORT
DU GRAND-JUGE
AU PREMIER CONSUL.

Citoyen Premier Consul,

Je crois devoir distraire de l'instruction du complot infame que bientôt la justice doit dévoiler et punir, les pièces d'une correspondance accessoire, qui, dans cette grande affaire et sous des rapports de police, n'est qu'un simple incident, mais qui, considérée politiquement, me semble propre à ouvrir les yeux de l'Europe sur le caractère de la diplomatie anglaise, sur la bassesse de ses agens, et sur les misérables expédiens qu'elle emploie pour remplir ses vues.

Un ministre du Gouvernement anglais est accrédité auprès d'une cour voisine de la France. L'usage, les mœurs, le droit des gens, attachent des distinctions, des prérogatives à cette place ; et ce n'est pas sans motifs.

L'existence d'un ministre étranger est partout destinée à constater et maintenir les liens d'amitié, de confiance et d'honneur qui unissent les États, et dont la durée fait la gloire des Gouvernemens et le bonheur des peuples.

Mais tel n'est pas le but de la mission des agens diplomatiques du Gouvernement anglais. Je mets sous vos yeux, Citoyen Premier Consul, la correspondance directe que M. *Drake*, ministre du roi d'Angleterre près la cour électorale de Bavière, entretient depuis quatre mois avec des agens envoyés, payés, dirigés par lui, au sein de la République.

Cette correspondance consiste en dix lettres originales : elles sont toutes écrites de sa main.

Je mets également sous vos yeux les instructions que M. *Drake* est chargé de distribuer à ses agens, et l'état authentique des sommes payées et des sommes promises, pour récompenser et encourager des crimes que les législations les plus indulgentes punissent par-tout du dernier supplice. (*Voyez* les instructions et les numéros 1, 3, 5, 7 et 9 de la correspondance.)

Ce n'est pas pour représenter son souverain que M. *Drake* est venu à Munich revêtu du titre de ministre plénipotentiaire. Cette représentation n'est que le rôle apparent, le prétexte de sa légation. Son véritable objet est de recruter des agens d'intrigue, de révolte, d'assassinat, de faire une guerre de brigandage et de meurtre au Gouvernement français, et enfin de blesser la neutralité et la dignité du Gouvernement près lequel il réside.

Ainsi, ostensiblement, M. *Drake* est un homme public; mais, réellement, il est (ses instructions en font foi) le directeur secret de la police anglaise sur le continent. Les moyens de cette police sont, l'or, les séductions, les folles espérances de tous les intrigans, de tous les ambitieux de l'Europe. Son objet se trouve clairement exposé dans [illegible] dix-huit articles des instructions que M. *D[illegible]ke* fournit à tous ses agens, et qui forment la première des pièces jointes à ce rapport.

Les n.os 2, 7, 8, 9 et 13 de ces instructions sont remarquables.

Art. 2. Le but principal du voyage étant *le renversement du Gouvernement actuel*, un des *moyens d'y parvenir, est d'obtenir la connaissance des plans de l'ennemi. Pour cet effet, il est de la plus haute importance de commencer, avant tout, par établir des correspondances sûres dans les différens bureaux, pour avoir une connaissance exacte de tous les plans, soit pour l'extérieur, soit pour l'intérieur. La connaissance de ces plans fournira les meilleures armes pour les déjouer; et le défaut de succès est un des moyens de discréditer absolument le Gouvernement: premier pas vers le but proposé, et le plus important.*

7. *On pourrait, de concert avec les associés, gagner les employés dans les fabriques de poudre, afin de les faire sauter quand l'occasion s'en présentera.*

8. *Il est sur-tout nécessaire de s'associer et de s'assurer de la fidélité de quelques imprimeurs et graveurs, pour imprimer et faire tout ce dont l'association aura besoin.*

9. *Il serait à desirer que l'on connût au juste l'état des partis en France, et sur-tout à Paris.*

13. *Il est entendu qu'on emploiera tous les moyens possibles pour désorganiser les armées, soit au-dehors, soit au-dedans.*

Ainsi, corrompre les administrations, établir des volcans par-tout où la République a des magasins de poudre, se procurer des imprimeurs et des graveurs *fidèles* pour en faire des faussaires, pénétrer dans le sein de tous les partis pour les armer l'un contre l'autre; et enfin soulever et désorganiser les armées: tels sont les objets effectifs de la mission diplomatique de M. *Drake* en Bavière.

Mais heureusement le génie du mal n'est pas aussi puissant dans ses moyens qu'il est fécond en illusions et en projets sinistres. S'il en était autrement, les sociétés humaines n'existeraient plus. La haine, l'astuce, l'argent, l'indifférence sur le choix des moyens, ne manquent ni à M. *Drake*, ni à la politique immorale de son Gouvernement: mais il leur manque de pouvoir ébranler en France une organisation forte comme la nature, établie sur l'affection de trente millions de citoyens, cimentée par la force, par l'intérêt de tous, et animée par la sagesse et le génie du Gouvernement.

Des hommes qui ne mettent de prix qu'à l'or, et qui n'ont d'habileté que pour de basses intrigues, ne sont pas capables de concevoir quelle est la consistance et le pouvoir d'un état de choses qui est le résultat de dix années de souffrances et de victoires, d'un grand concours d'événemens, et de la maturité d'une noble nation, formée par les dangers et les efforts d'une guerre glorieuse et d'une terrible révolution.

Dans ce bel ensemble de puissances et de volontés, M. *Drake* ne voit que des occasions d'intrigue et des scènes d'espionnage. *Pendant mon séjour en Italie,* dit-il à ses correspondans (Munich, 27 janvier, n.° 7), *j'ai eu des liaisons avec l'intérieur de la France. Il en doit être de même à présent, d'autant plus que je me trouve être, dans ce moment, un des ministres anglais les moins éloignés de la frontière.*

Tels sont ses titres pour travailler au bouleversement de la France. Ses moyens valent-ils mieux que ses titres?

Il a des agences auxquelles il n'ose se fier. Ses correspondans incertains lui écrivent par la Suisse, par Strasbourg, par Kehl, Offenbourg et Munich; il a des subalternes dans ces villes, pour soigner la sûreté de sa correspondance. Il fait usage de faux passe-ports (n.° 835), de noms de convention, d'encre sympathique (n.° 1). Tels sont les moyens de communication par lesquels il transmet ses idées, ses projets, ses récompenses; et c'est par les mêmes voies qu'on l'informe des trames ourdies sous sa direction, pour soulever d'abord quatre départemens (n.° 7), y former une armée, la grossir de tous les mécontens, et renverser le Gouvernement du Premier Consul.............

Sans doute ces tentatives et ces promesses sont insensées, et les vils et misérables moyens qu'on a mis en œuvre sont trop disproportionnés avec les difficultés de l'entreprise, pour qu'on doive concevoir la moindre inquiétude sur son succès : mais ce n'est pas toujours sur des motifs de crainte et dans la vue de punir, qu'agit cette politique intérieure et domestique à laquelle on a donné le nom de *police*, et dont l'objet capital n'est pas seulement de prévenir et de réprimer le crime, comme celui de la politique extérieure est d'enchaîner l'ambition, mais encore d'ôter au vice et à la faiblesse, même jusqu'aux occasions, jusqu'à la tentation de faillir.

Dans les pays les mieux gouvernés, il y a des esprits capables d'être détournés de la ligne du devoir par une sorte de penchant naturel à l'inconstance. Dans la société la mieux organisée, il y a des hommes faibles et des hommes pervers. Il a toujours été reconnu par mes prédécesseurs, que c'était remplir un devoir d'humanité de veiller sur ces hommes, non dans la vaine espérance de les rendre bons, mais pour arrêter le développement de leurs vices. Et comme, à cet égard, toutes les nations policées ont le même intérêt à défendre et les mêmes devoirs à remplir, il a toujours été reçu en maxime générale qu'aucun Gouvernement ne devait souffrir qu'il s'élevât nulle part une bannière autour de laquelle les hommes corrompus de tous les pays et de toutes les professions pussent se rallier, s'entendre et comploter la désorganisation générale. Et dans cette vue, ils doivent moins encore souffrir qu'il s'établisse autour d'eux une école infame de séduction et d'embauchage, qui éprouve la fidélité, la constance, et attaque à-la-fois les affections et la conscience des citoyens.

M. *Drake* avait une agence à Paris. Mais d'autres ministres, instrumens de discorde et embaucheurs comme lui, peuvent aussi avoir des agences. M. *Drake*, dans sa correspondance, dévoile tous ceux qui existent en France, par le soin même qu'il prend de nier qu'il les connaisse. *Je répète*, dit-il dans ses lettres (n.os 4, 5, 6, 8 et 9), *que je n'ai aucune connaissance de l'existence d'aucune autre société que de la vôtre. Mais je vous répète*, dit-il en plusieurs endroits, *que s'il en existe, je ne doute nullement que vous et vos amis ne preniez toutes les mesures convenables, non-seulement pour ne pas vous embarrasser, mais pour vous aider mutuellement.* Et enfin il ajoute (Munich, 9 décembre 1803), avec une fureur grossière et digne du rôle qu'il joue : *Il importe fort peu par qui l'animal soit terrassé; il suffit que vous soyez tous prêts à joindre la chasse.* . . . .

C'est par suite de ce système que, lors de la première manifestation du complot qui dans ce moment occupe la justice, il écrit : *Si vous voyez les moyens de tirer d'embarras quelqu'un des associés de Georges, ne manquez pas d'en faire usage* (n.° 9). Et comme dans ses disgraces le génie du mal ne se décourage jamais, M. *Drake* ne veut pas que ses amis s'abandonnent dans ce revers inattendu. *Je vous prie très-instamment*, écrit-il (Munich, 25 février 1804, n.° 9), *de faire imprimer et adresser sur-le-champ une courte adresse à l'armée (officiers et soldats). Le point principal est de chercher à gagner des partisans dans l'armée : car je suis fermement dans l'opinion que c'est par l'armée seule qu'on peut raisonnablement espérer d'opérer le changement tant desiré.*

La vanité de cette espérance est aujourd'hui hautement caractérisée par la touchante unanimité des sentimens qui ont éclaté de toutes parts, au moment où l'on a su de quel danger la France avait été menacée.

Mais après la tentative d'un crime dont la méditation seule est une offense contre l'humanité, dont l'exécution eût été une calamité, non-seulement nationale, mais, si je puis le dire, européenne, il faut à-la-fois une réparation pour le passé et une garantie pour l'avenir.

Des brigands épars, isolés, en proie au besoin, sans concert, sans appui, sont par-tout plus faibles que la loi qui doit les punir, que la police qui doit les intimider. Mais s'il existait pour eux un moyen de s'unir, s'ils pouvaient correspondre entre eux et avec les brigands des autres pays, si dans une profession la plus honorable de toutes, puisque la tranquillité des États et l'honneur des souverains en dépendent, il y avait des hommes autorisés à se servir de toutes les facultés que leur position leur donne, pour recruter par-tout le vice, la corruption, l'infamie et la scélératesse, et faire de tout ce qu'il y a de plus vil et de plus pervers dans le monde une armée d'assassins, de révoltés, de faussaires, aux ordres du plus immoral, du plus ambitieux de tous les Gouvernemens, il n'existerait aucun motif de sécurité en Europe pour la consistance des États, pour la morale publique, et pour la durée même des principes de la civilisation.

Il n'appartient pas à mon ministère de discuter les moyens qui peuvent être en votre pouvoir de rassurer l'Europe, en la garantissant contre de tels dangers. Je me contente de vous informer et de vous prouver qu'il existe à Munich un Anglais nommé *Drake*, revêtu d'un caractère diplomatique, qui, à la faveur de ce caractère et du voisinage, entretient de sourdes et criminelles menées au sein de la République; qui embauche des agens de corruption et de révolte; qui réside hors de l'enceinte de la ville, pour que ces agens puissent entrer chez lui sans scandale et sortir sans être exposés, et qui dirige et soudoie en France des hommes chargés par lui de préparer le renversement du Gouvernement.

Cette nouvelle espèce de crime échappant par sa nature aux moyens de répression que les lois mettent en mon pouvoir, j'ai dû me borner à vous la dévoiler, en vous exposant en même temps ses sources, ses circonstances et ses suites.

Salut et respect.

REGNIER.

Instructions données à M. D. L.

Ces instructions portent en substance ce qui suit :

I. *M. D. L.* se rendra incessamment en France, et, sans aller jusqu'à Paris, trouvera le moyen de conférer avec ses associés, auxquels il fera connaître qu'ayant une entière confiance dans leur sagesse, dans la pureté de leurs intentions et de leur patriotisme, on est disposé à leur fournir les moyens pécuniaires qui seront nécessaires pour amener le renversement du Gouvernement actuel, et pour mettre la nation française à portée de choisir enfin la forme de gouvernement la plus propre à assurer son bonheur et sa tranquillité; choix sur lequel dix ans d'expérience doivent l'avoir assez éclairée.

II. *M. D L.* arrêtera avec ses associés un plan général contenant,

1.° Le détail des moyens d'exécution qu'ils se proposent d'employer successivement;

2.° L'aperçu de la dépense qu'ils pourront entraîner, en y apportant toute l'économie possible;

3.° L'époque probable à laquelle il sera nécessaire que ces fonds soient faits.

III. *M. D. L.* remettra aux associés 500 livres sterling pour commencer leurs opérations. Lorsque cette somme sera épuisée, ou au moment de l'être, les moyens de la renouveler seront fournis à *M. D. L.*

IV. On desire avoir, deux fois par semaine, un bulletin de tous les événemens intéressans dont les papiers publics français ne parlent pas, ainsi que de ce qui se passe dans les ports et aux armées. Les associés pourront y rendre compte du succès de leurs opérations et de leurs espérances. Ces bulletins doivent être exactement numérotés, afin que, s'il y en a quelqu'un qui soit égaré ou soustrait, on puisse s'en apercevoir et en prévenir les associés. Ces bulletins doivent aussi, suivant la nature des nouvelles qu'ils contiendront, être écrits partie avec de l'encre noire, et partie avec de l'encre sympathique dont *M. D. L.* leur donnera la recette. Ceux dont une partie sera écrite avec de l'encre sympathique, seront indiqués par une petite goutte d'encre ordinaire jetée au hasard, dans le haut de la première page de la lettre. Il est bien essentiel que *M. D. L.* et ses associés s'assurent des moyens d'être bien instruits de tout ce qui se passera d'intéressant dans les départemens des différens ministres, ainsi qu'au sénat, au conseil d'état, dans l'intérieur du palais, &c. &c. &c.; car si ces bulletins cessaient d'être exacts, la confiance pourrait s'alarmer et s'affaiblir.

V. *M. D. L.* sera l'intermédiaire unique de la correspondance.

VI. Aussitôt que *M. D. L.* se sera concerté sur tous ces points avec ses associés, il se rendra au lieu de sa destination.

Additions aux Instructions.

I. Il paraît plus convenable que *M. D. L.* se rende à Paris même ou dans les environs, où la police a bien moins de moyens de surveiller quelqu'un qui sait se cacher, que dans aucun autre endroit, où chaque nouveau visage est remarqué, et où le moindre maire est instruit de tout ce qui arrive, et en rend compte pour s'en faire un mérite. On ne parle pas des soupçons que les allées et venues et le passage des lettres peuvent faire naître, ainsi que de leur interception possible.

Il est encore bon d'observer que l'on est bien mieux éclairé en parlant séparément aux personnes mêmes qu'en obtenant d'eux des renseignemens écrits qui supposent toujours une certaine réserve qui n'a pas lieu dans l'abandon de la conversation.

II. Le but principal du voyage de *M. D. L.* étant le renversement du Gouvernement actuel, un des premiers moyens d'y parvenir est d'obtenir la connaissance des plans de l'ennemi. Pour cet effet, il est de la plus haute importance de commencer avant tout par établir des correspondances sûres dans les différens bureaux, pour avoir une connaissance exacte de tous les plans, soit pour l'extérieur, soit pour l'intérieur. La connaissance de ces plans fournira les meilleures armes pour les déjouer; et le défaut de succès est un des moyens de discréditer absolument le Gouvernement; premier pas vers le but proposé et le plus important. Pour cet effet, on tâchera de se ménager des intelligences très-sûres dans les bureaux de la guerre, de la marine, des affaires étrangères et des cultes : on tâchera aussi de savoir ce qui se passe dans le comité secret que l'on croit établi à Saint-Cloud et composé des amis les plus affidés du Consul. Ces avis doivent être donnés en forme de bulletin, conformément aux instructions du *président du comité*, et envoyés avec toute la célérité possible à *M. D.* [Drake] de la manière qui sera convenue. On aura soin de rendre compte des différens projets que B....

pourrait avoir relativement à la Turquie et à l'Irlande, et des menées du comité des Irlandais réfugiés. Ces points sont très-spécialement recommandés à *M. D. L.* comme le premier et le plus important en commençant et dans les premiers momens. On fera connaître aussi le déplacement de troupes, de vaisseaux, et les constructions, et tous les préparatifs militaires.

Les lettres seront adressées à un ami à Strasbourg, et de là portées par lui à la poste de Kehl. Lorsque l'on aura *beaucoup* à écrire, on pourra le faire sur le dos d'une ou de plusieurs cartes géographiques avec l'encre sympathique, ou sur la marge de livres imprimés sur papier bien collé, et en observant de faire une petite tache d'encre sur la feuille où l'écriture commence, et on enverra le paquet par un chariot de poste à l'adresse de *M.me Franck*, ou *M.rs Papelier* et compagnie à Strasbourg, avec une lettre signée du nom d'un libraire quelconque, où l'on prierait le correspondant de le faire passer à *M. D.* Ces correspondans, étant dans l'usage de faire des commissions pour *M. D.*, ne soupçonneront jamais de quoi il s'agit, ces objets étant des objets de commerce ordinaire : ceci n'aura lieu cependant que lorsqu'il y aura beaucoup à écrire, et dans le cas où le volume du paquet pourrait éveiller des soupçons à la poste ; et alors on préviendra

M. D. de cet envoi dans la première lettre : on observera que la manière d'empaqueter n'ait rien d'affecté. Les adresses de ces paquets seront toujours A B avec une lettre d'envoi pour *M.*[me] *Franck* ou *M.*[rs] *Papelier.*

III. On tâchera de fournir à *M. D.* un aperçu des dépenses qui seront nécessaires, en observant de faire la demande autant en avance qu'il sera possible, et en expliquant les différens objets. On indiquera à *M. D.* le nom de convention de la personne en faveur de qui la lettre de change doit être tirée; et *M. D.* aura soin de procurer une lettre où son nom ne paraîtra pas et qui ne pourra pas être suspecte.

IV. Pour mettre la correspondance plus à l'abri d'une découverte, on se servira de noms de convention, même avec l'encre sympathique, de même que pour les noms des villes qu'on prendra l'une pour l'autre, suivant la feuille numérotée A.

V. Pour ne pas donner des soupçons en écrivant toujours au même nom, *M. D. L.* s'arrangera avec six au moins de ses connaissances les plus sûres, pour pouvoir alterner. Ce moyen est indispensable en cas d'accidens ou de maladies. Chacun de ces messieurs, en écrivant, observera très-exactement l'ordre numéraire de la même série, comme si une seule personne eût écrit seule. Ce qui sera écrit *in claro*, sera relatif ou au commerce ou aux arts et sciences, et paraîtra un compte rendu des nouveautés de Paris. S'il arrive que l'on dise quelque chose du Gouvernement, ce sera toujours dans un sens qui lui soit favorable. On aura soin aussi que ce qui est écrit en encre sympathique, ne soit pas écrit trop fin. Il faudra numéroter avec de l'encre sympathique et jamais *in claro*, ce qui fait remarquer et observer davantage.

VI. *M. D. L.* ayant reçu de *M. V.* la recette pour la composition de l'encre sympathique, détruira la bouteille qu'il a avec lui, pour ne rien porter en France qui puisse donner le moindre lieu à des soupçons. Il écrira ses instructions secrètes sur le papier blanc de son porte-feuille, à la suite des dépenses de voyage, &c. Il détruira toute espèce de papier qui pourrait donner la moindre lumière sur sa destination, ainsi que les passe-ports qu'il a.

VII. On pourrait, de concert avec les associés, gagner les employés dans les fabriques de poudre, afin de les faire sauter quand l'occasion s'en présentera.

VIII. Il est sur-tout nécessaire de s'associer et de s'assurer de la fidélité de quelques imprimeurs et graveurs, pour imprimer et faire tout ce dont l'association aura besoin.

IX. Il serait à desirer que l'on connût au juste l'état des partis en France, et sur-tout à Paris, et quel serait le résultat le plus probable si *B.* venait à mourir.

X. On ne parlera au comité, pour le *moment actuel*, que du renversement du Gouvernement de *Bonaparte*, hormis à ceux que l'on sait être bien disposés, en attendant que l'on ait quelque chose de certain sur les dispositions du roi, et que l'on connaisse mieux la nature des moyens d'agir dans l'intérieur, ainsi que la disposition générale des esprits. On enverra par la suite de nouvelles instructions tendant au but qu'on se propose, et qui seront calquées sur les renseignemens que l'on recevra.

XI. On recommande la plus grande circonspection, sur-tout dans les premières démarches, et de ne se confier qu'avec la plus grande réserve, pour éviter les trahisons des faux-frères, qui pourraient profiter de cette occasion d'acquérir des droits aux faveurs du Gouvernement; et dans aucun cas quelconque, on ne se fiera qu'à des hommes très-prudens. Une manière de sonder l'opinion des gens dont on doute, serait naturellement d'observer que, si la République n'est pas possible, il paraît plus simple et plus juste de recourir à la royauté ancienne, que de se dévouer au nouveau despostisme d'un étranger.

XII. *M. D.* n'est pas d'avis que *M. D. L.* quitte la France, à moins d'une nécessité très-urgente, vu la difficulté de passer et repasser les frontières.

XIII. Il est entendu qu'on emploiera tous les moyens possibles pour désorganiser les armées soit au dehors, soit au dedans.

XIV. On tâchera d'établir une correspondance plus directe avec l'Angleterre par la voie de Jersey, ou de quelque point de la côte de France. On pourrait aussi voir s'il y a moyen d'établir une correspondance par la voie de Hollande et d'Embden. En attendant, quand on aura des choses à communiquer d'un intérêt très-majeur et très-pressant, on pourrait adresser les lettres à M. *Harwood*, sous enveloppe à MM. *Herberger* et comp.e, à Husum ; mais comme cette voie pourrait devenir tous les jours moins sûre, on ne manquera pas d'envoyer des duplicata à *M. D.* — Dans le cas qu'on pourrait trouver moyen de communiquer avec le commandant de Jersey, *M. D. L.* écrira sous un de ses noms de convention, et le commandant de Jersey en sera instruit par le Gouvernement anglais.

XV. *M. D. L.* fera connaître au plutôt à *M. D.* l'adresse dont *M. D.* pourrait se servir en lui écrivant à Paris.

XVI. *M. D. L.* adressera les lettres pour le moment à M. l'abbé *Dufresne*, conseiller ecclésiastique à Munich.

XVII. *M. D. L.* fera connaître à *M. D.* les signes par lesquels on pourrait tirer parti des paragraphes qui seront publiés dans le Citoyen Français.

XVIII. Dans le cas qu'il devienne nécessaire d'envoyer quelqu'un des associés auprès de *M. D.*, il faut l'en avertir d'avance, et attendre sa réponse à Augsbourg, dans laquelle *M. D.* indiquera le lieu de rendez-vous.

(A)

Vrais noms des personnes.	Noms de convention.
M. D..................	*Leriget*, *Albert*, *Aubry*, } alternativement.
M. D. L...............	*D'Ussel*, *Dubard*, *Legrand*, } alternativement.
Augereau...............	*M. Pélissier.*
Berthier...............	*M. Dumbry.*
Beurnonville............	*M. Besse.*
Bonaparte..............	*M. Loiselet.*
Bonaparte (Madame)....	*Madame Justine.*
Bonaparte (Lucien)......	*C.en Auguste.*
Bonaparte (Joseph)......	*C.en Haumont.*
Charles (M.gr l'archiduc)..	*M. Douyet.*
Condé (M.gr le prince de).	*M. Clément.*
L'empereur d'Allemagne..	*M. Rissac.*
L'empereur de Russie.....	*M. Bouchereau.*
Kellermann.............	*M. Morin.*
Louis XVIII...........	*M. Lacodre.*
Massena...............	*M. Arnaud.*
Moreau................	*M. Husson.*
Pichegru...............	*M. Sauvaigne.*
Talleyrand.............	*M. Grenier.*

Vrais noms des villes.	Noms de convention.
Arbois.................	*Douai.*
Bâle...................	*Metz.*

Besançon	*Blois.*
Bologne	*Reims.*
Chambéry	*Tours.*
Corse (La)	*Le Haut Palatinat.*
Ferrare	*Perpignan.*
Florence	*Berlin.*
Gènes	*Besançon.*
Landau	*Mons.*
Livourne	*Saumur.*
Londres	*Bordeaux.*
Lyon	*Rennes.*
Mantoue	*Montpellier.*
Milan	*Ingolstadt.*
Modène	*Nantes.*
Naples	*Dresde.*
Paris	*Châlons.*
Rhin (Le)	*Le Village.*
Rome	*Lubech.*
Strasbourg	*Toulouse.*
Turin	*Épernay.*
Venise	*Ulm.*
Vérone	*Passau.*
Vienne	*Florence.*

Vrais noms des objets.	Noms de convention.
Ambassadeur	*La Cire.*
Anglais (Le Gouvernement).	*M. Jacob.*
Argent (L')	*Le Fondement.*
Armistice (L')	*Le Chariot.*
Corps législatif (Le)	*Les Médecins.*
Courrier (Le)	*Des Marchandises.*
Jacobin (Un)	*Un Savant.*

Insurrection (Une)......	*Une Fabrique.*
Lettres ou dépêches......	*Les Gazettes.*
Officiers (Les)..........	*Les Domestiques.*
Paix (La)..............	*La Poste.*
Police (La)............	*M. Jailleu.*
Préfet (Le)............	*M. Lambert.*
Proclamation (Une).....	*Un Tambour.*
Rétablissem.t de la royauté (Le)................	*Le nouveau Calendrier.*
Roi (Le)...............	*Le Ressort.*
Sénat conservateur (Le).	*La Banque.*
Soldats (Les)..........	*Les Laboureurs.*
Tribunat (Le)..........	*Les Artistes.*
Trois Consuls (Les)......	*La Famille.*
Vivres (Les)............	*Les Ustensiles.*

L'agent *M. D. L.* ayant été envoyé d'Angleterre en Bavière pour y recevoir les instructions de M. *Drake*, avant de commencer ses opérations, lui annonça, par un billet, son arrivée à Munich. Il en reçut une réponse qu'on a cru convenable d'imprimer, parce qu'elle est en entier écrite par M. *Drake* et signée de lui, et que toute la correspondance qu'on va lire est de la *même main.*

MONSIEUR,

JE suis bien aise d'apprendre votre arrivée dans cette ville, et je serai charmé de vous voir aussitôt qu'il vous conviendra. Vous aurez la bonté de rester à dîner chez moi, si l'heure de *quatre* vous convient.

V.. t. ob. s.

FRANCIS DRAKE.

Munich, vendredi matin.

L'agent arrivé à Paris reconnut bientôt qu'il n'y avait rien à faire dans le but de sa mission : il ne renonça point cependant à donner à M. *Drake* des lettres et des bulletins pour son argent ; mais il mit aussitôt la police dans la confidence de cette correspondance.

N.° I.

Le 30 octobre 1803.

Je viens de recevoir votre lettre du 24, et je vous félicite de tout mon cœur d'être arrivé sauf et sain à *Toulouse* [Strasbourg]. J'espère avoir des nouvelles de M. *Loiselet* [Bonaparte] bientôt, puisque je ne doute pas que vous ne soyez à *Châlons* [Paris] à l'heure qu'il est.

Il n'y a rien dans votre lettre qui exige des observations de ma part, si ce n'est l'article où il est question de l'argent. A ce sujet je vous rappelle l'article de vos instructions dans lequel je vous ai prié de me faire tenir d'avance un aperçu de vos dépenses probables. Vous avez reçu à *Bordeaux* [Londres], avant votre départ, la somme de cinq cents livres pour les besoins généraux de l'association, de deux cents livres pour les frais de voyage, &c. jusqu'au 15 novembre, auxquels j'ai ajouté cinquante livres, ce qui fait en tout sept cent cinquante livres : avant que cette somme soit épuisée, vous m'enverrez sans doute un apercu des dépenses, d'après lequel je me réglerai, et vous pouvez compter sur mon exactitude.

Je viens de recevoir une lettre pour vous de notre président, en date du 11 octobre, dont je joins copie ci-dessous, ne voulant pas courir le risque de vous passer l'original ; je n'y comprends rien puisqu'il y a des figures dont vous ne m'avez pas laissé la clef.

Vous pourriez fort bien faire prendre des minutes de lettres, ayant attention seulement de n'employer pour cette besogne que des personnes affidées sur lesquelles vous pourrez entièrement compter.

Vous feriez bien de faire dire à votre ami, à *Toulouse* [Strasbourg], que quand il prend mes lettres à la poste, il fera bien d'en ôter et brûler l'enveloppe.

Je viens d'essayer une nouvelle manière d'écrire, qui consiste à tremper la plume alternativement dans la bouteille d'encre sympathique et dans un verre d'eau claire; l'écriture n'est plus si visible sur le papier ; elle ressort également en appliquant l'autre liqueur. Je suis cette méthode en vous écrivant la présente.... ; je vous prie de me mander si cela a réussi.

Adieu, portez-vous bien, et donnez-moi bientôt de vos nouvelles.

Copie de la lettre du Président, en date du 11 octobre 1803.

Nous avons fait depuis votre départ, monsieur, différentes épreuves de la dissolution saline dont vous avez emporté la recette, et nous avons observé que si elle est admirable pour certaines blessures et contusions, il y a des cas dans lesquels elle pourrait être nuisible, ainsi que vous avez pu vous en apercevoir.

Par

Par exemple, il faut bien se garder de l'employer lorsqu'il s'agit d'opérer sur 44, 31, 44, 8, 102 | à 23, 13, 12, 22, 7, 10 | ordinaire, l'eau de Goulard un peu forte suffit, et n'a pas les mêmes inconvéniens; mais la dissolution saline est le seul remède qui puisse être employé avec succès lorsqu'il s'agit d'opérer sur la 303, 15, 40, 10 | 39, 13, 37 | 44, 31, 49 &c., | 44, 26, 38, 27, 6, 20, 37 | 34, 19, 26, 27, 10, 24, 2 | se confond parfaitement avec la 37, 8, 13, 43, 10 | dans tous les cas il faut ensuite employer sans aucun mélange d'eau l'élixir, dont nous vous avons donné une bouteille, et qu'on peut appeler à juste titre *baume de vie*, car son inventeur prétend qu'il ressuscite les morts. Vous pouvez donner ces instructions avec toute confiance aux chirurgiens et apothicaires que vous serez dans le cas d'employer; j'espère que, Dieu aidant, notre dissolution saline finira bientôt par faire autant de bruit dans le monde que la fameuse vaccine.

Je vous tiens en réserve plusieurs 34, 41, 1 | 43, 37 | 43, 37 | que je vous enverrai en temps et lieu. Ne manquez pas, je vous prie, de m'acccuser la réception de cette lettre; je n'ai pas besoin de vous dire avec quelle impatience nous attendons des nouvelles de votre voyage. Adieu.

D. V.

N'oubliez pas de recommander aux rédacteurs des

38, 24, 23, 27, 10, 12, 8, 43, 37 | de toujours les écrire à la 3, 4, 2, 40, 10 | de la 2.e et de la 3.e, 44, 31, 40, 13 | du 30, 36, 44, 33, 35, 10, 24, 2.

N.° 2.

Ce 14 novembre 1803.

Je viens de recevoir votre lettre du 3, et je ne dois pas tarder à vous prévenir que dans deux ou trois endroits de cette lettre, l'encre était lisible. Peut-être que vous aviez approché de la feuille *l'autre composition.* Cependant il n'y avait aucun mot qui fût lisible.

J'observe que le timbre de la lettre était *Strasbourg :* ne vaudrait-il pas mieux que vos amis de Strasbourg missent les lettres au bureau de Kehl ! car on doit se défier du bureau de la première ville.

J'attends avec empressement votre rapport des conférences que vous m'annoncez, ainsi que des arrangemens que vous aurez pris.

Au lieu de l'adresse dont vous vous êtes servi jusqu'ici, je vous prie de vous servir pour l'avenir des quatorze adresses que vous trouverez à la fin de cette lettre, en ayant soin de les employer alternativement, et en prenant bien garde de changer de cachet et d'écriture bien souvent.

Vous pouvez mettre vos lettres pour l'avenir sous enveloppe à *M. Lindemann*, bureau de poste à Munich, où vous pourrez les *recommander aux soins* de cet officier de poste. Pour ne donner aucun lieu au moindre mésentendu sur ce point, j'ajoute des exemples de chacune des trois méthodes dont vous devez faire usage alternativement.

1.re MÉTHODE.

A monsieur Jacob Rechberg. *Recommandé aux soins de monsieur* Lindemann. *Bureau des postes à Munich.*

2.e MÉTHODE.

A monsieur Lindemann. *Bureau des postes à Munich. Pour remettre à M.* Pierre Straulino, *négociant.*

3.e MÉTHODE.

A madame, madame Cramer, *présentement à Munich.*

Et puis mettez une enveloppe adressée à M. *Lindemann.*

N. B. Ayez soin de ne *jamais* mettre sur vos lettres. *Pour remettre à M. D.* Non-seulement cela n'est pas nécessaire, mais il pourrait exciter des soupçons.

Voici les adresses que vous mettrez à l'avenir alternativemennt sur vos lettres, mais en les *recommandant aux soins de M. Lindemann*, et en les mettant *sous une enveloppe à son adresse :*

1.° M. *Jacob Rechberg.*
2.° M. *Pierre Straulino*, négociant.
3.° M.me *Cramer.*
4.° M. *Graselli.*
5.° M. le docteur *Strocher.*
6.° Le révérend père *Waldsegg.*
7.° M. le conseiller *Fischer.*
8.° M.lle *Jaxis.*
9.° M. de *Zucher*, médecin.
10.° M. le comte de *Westerholl.*
11.° M. le conseiller *Müller.*
12.° M.me de *Kirschbaum.*
13.° M.me *Schellenberg.*
14.° M.lle de *Schneit.*

Afin que vos lettres ne soient jamais égarées, vous pourriez, si vous le trouvez bon, les charger, en payant quelque chose de plus pour le port.

Agréez, Monsieur, les assurances de mon estime particulière.

N.° 3.

COPIE de la lettre de Drake *à M.* Obreskow, *timbrée de Munich.*

Le 3 décembre 1803.

MONSIEUR, j'ai bien reçu votre lettre du 16 du mois passé, mais assez tard, puisqu'elle aurait dû m'être parvenue le 24 du même mois; il s'y trouve quelques passages qui ne sont guère lisibles, entre autres ceux où il est question de l'argent; et, pour éviter les inconvéniens à l'avenir, je dois vous prier de ne pas vous servir de l'eau pour tremper votre plume. J'ai aussi reçu une lettre de vous le

21 du mois passé, ainsi que les deux bulletins postérieurs, mais tous trois sans date et sans être numérotés, de sorte que je ne suis pas à même de constater si votre correspondance m'arrive directement. Je vous recommande donc ce point comme très-essentiel à la régularité de nos communications. J'espère que vous aurez reçu mon n.° 2, et je vous prie de me marquer si je dois continuer à me servir de la même adresse et du même canal. En ce cas, vous instruirez vos amis à *Toulouse* [Strasbourg] de demander mes lettres au bureau de poste, quand ils remettront les vôtres. Quant à l'envoi d'un homme en Helvétie pour soigner votre correspondance avec l'armée, je n'y trouve pas de motif d'objection; mais vous ne perdrez pas de vue l'observation que je vous ai faite ici, savoir, qu'il ne faut pas trop multiplier les ramifications du projet, puisque vous multipliez par-là les chances d'une découverte, et que toutes les confidences qui ne sont pas *absolument* et *strictement* nécessaires à la marche du plan, sont non-seulement inutiles, mais dangereuses : au reste, je me flatte que *rien ne sera précipité*, et que l'on ne commencera pas *à agir*, avant d'avoir arrêté un plan d'opération dont toutes les parties doivent marcher ensemble dans le but proposé. Toutes les mesures partielles et décousues ne valent rien, et ne produiront que des défaites.

Je desire bien de savoir quelles sont les personnes qui composent votre comité, et sur-tout de connaître le caractère, les talens, les opinions et les vues de celui que vous désignez pour votre chef; mais je sens bien que cette communication ne pourra être faite que quand vous aurez une occasion *très-sûre* pour *Toulouse* [Strasbourg], puisque ce serait trop risquer de la confier à la poste.

Quoique les deux bulletins aient été, à la vérité, assez secs, je ne doute pas, d'après les mesures que vous m'annoncez devoir être prises, qu'ils ne deviennent plus intéressans par la suite. Il est de la dernière importance que vous soyez parfaitement instruit de ce qui se passe dans les bureaux, puisque vos propres projets ne peuvent réussir, à moins que vous ne connaissiez ceux du Gouvernement consulaire; et vous vous souviendrez que je vous ai souvent répété qu'un des meilleurs moyens d'attaquer ce Gouvernement, et par conséquent d'avancer vos vues, serait celui de pouvoir les déjouer.

Quant à la proposition de l'huissier, vous ne vous attendez pas que je m'y engage positivement, sans que son utilité soit plus assurée; tout ce que je pourrai promettre à cet égard, est qu'il sera récompensé en raison des services qu'il rendra. Vous pourriez, au reste, me faire part du montant de sa demande, ainsi que des notes dont vous lui avez parlé.

Quant au mode de comptabilité, je dois vous prévenir que je n'ai personne que je puisse vous envoyer dans ce moment; vous vous tiendrez donc à la méthode *provisoire* que vous avez tracée. En attendant quelques renseignemens que je demanderai au président, je suis prêt à vous envoyer pour vous personnellement cent louis de la manière que vous m'indiquerez; ce sera pour deux mois d'appointemens, jusqu'au 15 de février. Et comme votre demande des frais de voyage me paraît assez juste, je ne doute pas qu'elle ne soit accordée; mais vous aurez la bonté de m'en faire connaître le montant.

Pour ce qui est de l'article de *l'imprimerie*, je n'ai pas pu bien déchiffrer tout ce que vous voulez m'en dire, puisque plusieurs phrases dans cette partie de votre lettre étaient illisibles. Je me réserve donc à vous en parler quand j'aurai reçu des informations plus claires là-dessus.

A l'égard des récompenses pour les agens dans les différens bureaux, je n'aurai pas de difficulté à fournir les deux cents louis que vous demandez pour cet objet, aussitôt que vous m'annoncerez que ces agens sont en mesure de se rendre utiles.

Je vous recommande encore une fois de ne rien précipiter. Fixez votre plan; calculez et arrangez vos moyens d'action: choisissez vos agens; et quand cette besogne préliminaire sera achevée, il sera temps de commencer l'exécution de vos projets.

Adieu. Croyez-moi avec les sentimens les plus sincères d'estime et de considération, votre très-humble serviteur.

Nota manus.

N.° 4.

Le 9 décembre 1803.

MONSIEUR,

Je viens de recevoir votre lettre du 26 novembre, et je m'empresse de vous assurer, de la manière la plus formelle, que je n'ai absolument aucune connaissance quelconque de la société de l'existence de laquelle votre comité croit avoir acquis les preuves. Au reste, *si* le fait était avéré, et si vous étiez pleinement convaincu que les vues et le but que cette société se propose, sont d'accord avec les vôtres, je n'hésiterais pas à vous exhorter à faire usage de toute votre habileté et de toute votre discrétion pour combiner vos opérations, de manière non-seulement à ne pas mettre d'obstacles aux travaux et aux entreprises de cette dernière, mais à les favoriser, et à tâcher d'assurer leur succès, qui (dans le cas que je suppose) servirait très-essentiellement à avancer la réussite de vos propres desseins. Je suis persuadé qu'il ne sera pas très-difficile de faire goûter ces raisons à votre comité, en partant de la supposition sur laquelle je me fonde.

Je vous répète de la manière la plus précise que je n'ai aucune connaissance de l'existence de cette société ; mais je vous répète aussi que, *si* elle existe en effet, je ne doute nullement que vous et vos amis ne preniez toutes les mesures convenables, non-seulement pour ne pas embarrasser, mais pour aider sa marche. Il importe fort peu *par qui* l'animal soit terrassé ; il suffit que vous soyez tous prêts à joindre la chasse.

Les autres objets dont vous me parlez seront incessamment pris en considération, et j'aurai soin de vous faire passer les instructions nécessaires. En attendant, je dois vous faire observer que je ne saurais prendre aucune résolution définitive, sans avoir un tableau plus clair, plus détaillé et plus circonstancié des ressources et des moyens que la personne que vous qualifiez du titre de Général et les chefs de votre association peuvent avoir, ainsi que de la manière dont ils comptent les employer.

Une remarque très-essentielle que j'ai faite en dernier lieu, est que la chaleur de la cire d'Espagne fait ressortir l'écriture sympathique; je vous recommande donc très-fortement de n'en pas faire usage, mais de cacheter vos lettres simplement avec des oublies.

Croyez-moi avec la considération la plus sincère,

Monsieur,

Votre très-humble et très-obéissant serviteur,

Nota manus.

N.° 5.

Ce 27 décembre 1803.

MONSIEUR,

Vos lettres du 28 novembre et du 5 décembre me sont parvenues, la première, le 11 de ce mois et la seconde le 19. J'ai aussi reçu les deux bulletins n.° 4 (qui auraient dû être n.° 5 et n.° 6). Ma réponse devait partir le 21 : elle était déjà copiée; mais n'ayant pas pu me procurer les lettres de change dont elle devait être accompagnée, et que j'ai été obligé de faire venir d'Augsbourg, j'ai dû en différer l'envoi jusqu'à ce jour. Je regarde à présent comme inutile de vous la faire passer, puisqu'elle roulait en grande partie sur des sujets dont il n'est plus nécessaire de parler après la réception de votre lettre du 15, qui m'est parvenue ce matin avec le bulletin n.° 7. Tant l'une que l'autre étaient parfaitement bien écrites, étant très-lisibles et ne laissant paraître la moindre trace de l'encre avant l'application de la composition.

L'explication que vous me donnez relativement à la cause du retard de quelques-unes de vos lettres, me paraît très-naturelle. Je ne doute pas que la leçon que vous donnez à votre homme de *Toulouse* [Strasbourg], produira tout l'effet qu'on en peut desirer. Il serait bon, je crois, de lui promettre une récompense pour l'engager d'autant plus à remettre avec exactitude vos lettres à la poste de Kehl, et à être diligent à retirer les miennes, que je continuerai d'adresser à *Obreskow*.

Quand aux inquiétudes que vous me témoignez dans vos lettres des 26 et 28 novembre, voici quel serait mon sentiment.

Je desire bien, pour les raisons que vous savez, que vous puissiez vous tenir à *Chalons* [Paris]; mais si vous avez raison de croire que votre séjour dans cette ville ne pourrait être prolongé sans vous exposer au danger d'une découverte, ou si vous jugiez même qu'il fût nécessaire ou convenable pour votre sûreté, de quitter tout-à-fait la France (ce qu'il faut que je laisse absolument à votre prudence et à votre discernement), vous êtes en pleine liberté de prendre ce parti, en remettant un double de vos papiers à vos amis, afin qu'ils soient à même de poursuivre la correspondance, et en leur indiquant en même temps les moyens de faire passer leurs lettres et de faire arriver les miennes. Je vous récommande dans ce cas de vous rendre à Offenbourg, et d'y attendre mes instructions ultérieures.

Les renseignemens que vous me donnez sur la composition de votre comité, me suffisent, et je ne desirais connaître les noms des personnes qu'autant que vous auriez jugé que cette communication pourrait se faire sans entraîner aucun inconvénient, et sans risquer de vous compromettre avec vos amis.

Je ne conçois pas comment quelques membres de votre comité ont pu imaginer que nous n'avons pas le projet sérieux de les aider à attaquer l'usurpateur, d'autant plus que toutes vos instructions visent à ce but. Celle-ci et vos rapports des conversations que vous avez eues avec moi, suffiront, j'espère, pour les désabuser. Vous savez que je ne vous ai recommandé de diriger tous vos soins vers les moyens d'acquérir la connaissance des projets de B...., que par la conviction intime dans laquelle je suis que c'est un des moyens les plus efficaces pour saper dans ses fondemens l'édifice de la puissance de cet homme. Au reste, vous pourriez les assurer de nouveau que l'affaire principale sera poursuivie de ma part sans relâche, et de la manière la plus conforme à vos instructions originales; mais c'est à votre comité à déterminer jusqu'à quel point elles sont praticables, d'après la situation des choses et les dispositions des personnes dans l'intérieur.

Puisque j'ai touché ce sujet, j'ajouterai par forme de réponse à un article d'un de vos derniers bulletins, que je sais bien que tout se décide au comité secret de S. Cloud, mais que je sais aussi que les mesures de détail et d'exécution doivent nécessairement être confiées aux bureaux, et qu'ils sont par conséquent en état de fournir des notions très-précises sur ce qui se fait et sur ce qui doit se faire.

Je n'ai aucune connaissance de M. *Talon*, et je vous répète, à cette occasion, que, quant à moi, je ne suis lié à aucune agence de Paris, excepté la vôtre... Je ne vous dis pas que je n'y ai aucune correspondance; il faut bien en avoir pour être plus en mesure de constater l'exactitude des rapports en les comparant les uns aux autres.

Votre comité pourra se servir du canal de J.... pour transmettre ses avis directement à *Bordeaux* [Londres] de la manière que vous indiquez dans votre lettre du 5, mais seulement *dans des cas essentiels.* Vous concevez bien qu'il serait imprudent de risquer la perte de ce canal pour l'avenir, pour des choses de peu d'importance.

Vous m'aviez dit, dans une de vos précédentes lettres, que vous étiez à même de m'envoyer quelques notes sur *l'huissier.* Ce fut à ces notes que j'ai fait allusion, et non pas au contenu du fameux porte-feuille. Il s'agit de constater, 1.° si tous les papiers les plus secrets du..... y sont effectivement renfermés; 2.° quel est le prix qu'il attache à son entreprise.

Vous trouverez ci incluses des traites pour dix mille livres de France, dont deux mille quatre cents pour vous-même, à compte de vos appointemens, et 7,600 liv. pour l'usage du comité; je vous prie de m'en accuser la réception. Quant à vos frais de voyage, vous pouvez compter que je ne perdrai pas de vue cet objet, et je vous en écrirai incessamment.

Je vous enverrai, par le prochain courrier, une lettre de *B*.... à un Anglais. Si votre comité le juge à propos, cette lettre pourrait être imprimée à Paris, puis mise en circulation; elle est un peu trop longue, mais on pourrait en retrancher quelques paragraphes.

Je ne sais si je recevrai à temps, par la poste de ce soir, la 4.e traite de 2,800 liv.; en cas qu'elle n'arrive pas, vous l'aurez par le courrier de demain.

Croyez-moi avec les sentimens de l'estime et la considération la plus sincère,

Monsieur,

Votre très-humble et obéissant serviteur.

Nota manus.

N.° 6.

3 janvier 1804.

MONSIEUR,

Le bulletin n.° 8 m'est parvenu, et c'est avec bien du plaisir que j'ai remarqué que votre correspondance devient de jour en jour plus intéressante : j'espère que vous aurez bien reçu mon dernier n.° avec la lettre de change pour 10,000 l. de France.

Je ne dois pas vous laisser ignorer qu'un émissaire du Gouvernement français vient de faire des recherches au bureau de poste à *Rastadt*, touchant une correspondance *que l'on suppose* devoir exister entre moi et des mécontens en France; mais d'après la manière dont cet émissaire s'est acquitté de sa commission, il est très-positif que le Gouvernement français n'a pas même les plus légères notions sur l'existence *de la nôtre*. Ce fut l'apparition dans presque tous les départemens, de la lettre d'un Anglais à Bonaparte, qui a fait naître des soupçons que cette lettre partait d'ici.—Au reste je ne fais mention de cet incident, que pour vous tranquilliser dans le cas que vous en entendiez parler chez vous.

Si des circonstances surviennent qui vous engagent à quitter la France, je vous recommande avec urgence de bien arranger avant votre départ tout ce qui peut avoir du rapport au passage du bulletin de votre comité; pour cet effet, vous feriez bien de prendre vos mesures avec l'ami de *Toulouse* [Strasbourg], afin que ces bulletins passent *directement* entre vos mains à Offenbourg, soit qu'il les remette à vous-même dans cette ville, soit qu'il en charge une personne *sûre*, soit que vous alliez les chercher à Kehl. Je n'ai aucun motif de soupçonner le bureau de Kehl; mais il n'y a aucune raison de s'en servir quand on pourra se passer de son entremise.

Je viens de m'entretenir avec une personne récemment arrivée de *Châlons* [Paris], et j'apprends d'elle que le premier Consul devient de jour en jour plus extravagant; — que le règne de la terreur se rétablit rapidement; — que sa conduite violente annonce que lui-même n'est rien moins que tranquille sur sa position; — et enfin que tout ce qui se passe, présage un éclat plus ou moins éloigné. Il paraît évident que le Consul est fort embarrassé quant à la descente en Angleterre; car tout en affectant une ferme décision de la tenter, il reconnaît et craint le danger de cette entreprise sans trop savoir comment il pourra se retirer du jeu, et se débarrasser de l'espèce d'engagement qu'il a pris. Je vous prie de donner toute votre attention à cet état de choses, lequel (d'après l'opinion de la personne très - instruite de qui je tiens ces observations) doit

doit amener plutôt ou plus tard une crise décisive.

Je n'ai aucune connaissance de ce qui se passe dans la Vendée. Il n'est pas nécessaire que je vous répète mon opinion, que toute démarche partielle, toutes les mesures décousues, qui ne sont pas essentiellement liées avec un plan général et fixe, ne pourront jamais produire que du mal. Je suis cependant porté à regarder toutes ces insurrections comme absolument spontanées, dérivant uniquement de l'opposition des habitans à la mesure de la conscription.

Dans un article de vos instructions, il vous fut recommandé d'écrire deux fois la semaine; mais pour ne pas trop user nos moyens de communications, je crois qu'il sera plus convenable de n'écrire que quand il se présentera de la matière intéressante.

Croyez-moi avec les sentimens les plus distingués, &c.

Nota manus.

Le 4 janvier.

Au moment de fermer cette lettre, je reçois la vôtre du 25 décembre, avec un bulletin de même date, tous deux également intéressans pour les avis qu'ils contiennent.

Je vous assure encore une fois, de la manière la plus solennelle, que je n'ai aucune connaissance du comité dont vous me parlez; et d'après le rapport que vous m'en faites, je ne puis guère vous conseiller d'avoir la moindre relation avec lui. Je ne perds pas de vue les notices que vous me donnez sur *Willot* et d'autres.

Vous avez trouvé la juste proportion des matières pour la composition de votre encre; vos lettres n'offrent pas les moindres traces de déguisement.

N.° 7.

Munich, 27 janvier 1804.

MONSIEUR,

J'AI reçu, plus ou moins régulièrement, les trois bulletins n.° 10 du 28 décembre, n.° 12 du 5 janvier, n.° 13 de la même date. Vos deux lettres des 4 et 5 janvier me sont aussi parvenues, ainsi que celle du 12 janvier, cotée n.° 14. Il ne m'est point parvenu de n.° 11; mais je n'en tire d'autre induction, sinon que le copiste s'est trompé en cotant n.° 12 le bulletin qui aurait dû être coté n.° 11. Il serait bon cependant de vérifier cette supposition, afin de lever tout doute sur ce point.

Je vous ai prévenu, dans ma dernière, que le Gouvernement consulaire avait conçu quelques soupçons sur l'existence d'une correspondance entre moi et l'intérieur de la France; c'est à cela qu'il faut attribuer l'insertion dans le Moniteur n.° 115 de cette année, d'un article en forme de note, à de prétendues nouvelles de Londres, du 2 janvier, marquant l'arrivée d'un courrier extraordinaire de Munich, le jour précédent ; cette circonstance est de toute fausseté. Au reste, ce n'est pas la première fois que le Consul emploie cette manœuvre, puisqu'il en fit usage très-peu de temps après mon arrivée à Munich, comme on peut le voir dans le Moniteur n.° 101, du 1.er janvier 1803. Il paraît qu'il n'a fondé ses soupçons que sur des bases très-vagues : il sait que pendant mon séjour en Italie, j'ai eu des liaisons avec l'intérieur de la France ; et il croit qu'il en doit être de même à présent, d'autant plus que je me trouve être dans ce moment un des ministres anglais les moins éloignés de la frontière. On voit cependant que tout en voulant faire croire à l'existence de quelques intelligences entre moi et les mécontens de l'intérieur, le Gouvernement consulaire n'a pas même acquis le plus léger indice qui puisse le porter à se douter de notre correspondance, puisque dans ce cas il n'aurait pas coupé le fil qui aurait pu conduire à des découvertes ultérieures, en faisant publier des articles qui doivent nous mettre en garde, et nous engager au besoin à changer le canal de notre communication, afin de dérouter ses calculs.

Le moyen dont il s'est servi pour faire quelques découvertes en Allemagne, ne lui a pas réussi, puisque je viens de recevoir des avis positifs que l'émissaire dont je vous ai parlé n'a pu se procurer la moindre lumière nulle part.

Vous pouvez donc être parfaitement tranquille sur cet article.

Je vous recommanderai cependant de ne pas mettre *la date ni l'endroit* en encre ordinaire, dans vos lettres ou bulletins, mais seulement en encre sympathique; vous en concevez la raison, sans que je m'arrête à vous la déduire.

Je suis extrêmement peiné d'apprendre tous ces mouvemens partiels et décousus dont vous me parlez; et je partage votre conviction, qu'ils ne peuvent avoir d'autre effet que celui d'engager le Gouvernement à un redoublement de vigilance, et le porter à des mesures de sévérité qui seront funestes à bien des honnêtes gens, qui auraient pu rendre de grands services, s'ils avaient été mieux employés.

Le sort du comité dont il est question dans votre lettre du 5, et l'existence duquel je n'ai sue que par vous, servira sans doute à vous mettre sur vos gardes contre de faux frères, et doit vous engager à être très-circonspect quant aux personnes auxquelles vous confiez *tout votre secret*. Le grand art de conduire une opération pareille à celle dont vous êtes chargé, consiste à confier à un chacun précisément ce qu'il faut pour qu'il remplisse le rôle que vous lui assignez, mais rien de plus.

Quant au desir que votre général a témoigné (d'après le bulletin n.° 13), d'avoir un aperçu de l'époque quand il faudra s'ébranler, je vous répondrai qu'on se réglera à cet égard sur les notions qui seront reçues du progrès de vos opérations. D'après votre lettre du 25 décembre, vous vous proposez de faire un éclat dans quatre départemens à un jour donné ; mais je doute que cette mesure, *si elle est isolée*, puisse produire un grand effet : elle pourrait causer un moment d'embarras au premier Consul ; mais il me paraît impossible qu'elle réussisse à la longue, *si l'armée de B.... est disponible*, ou *si* l'on ne s'est pas assuré préalablement *d'une bonne partie* de ses troupes.

Je vous prie de me faire connaître sur quoi on peut compter quant à ce dernier objet, afin que je puisse régler mes idées et calquer notre marche là-dessus. Le point principal, à mon avis, est de chercher à gagner des partisans dans l'armée ; car je suis fermement d'opinion que c'est *par l'armée seule* qu'on peut raisonnablement espérer d'opérer le changement tant desiré. Je souhaite aussi ardemment que vous de voir arriver l'époque où l'on pourra se montrer ; mais il faut que toute mesure soit arrangée d'avance, afin d'être assuré que le coup ne manquera pas faute d'être préparé pour tout événement, et que nos moyens ne seront pas dissipés à pure perte : il faudrait d'ailleurs arrêter d'avance la marche que l'on doit suivre aussitôt l'insurrection éclatée (pour ne pas errer à l'aventure), en mettant les royalistes à même de profiter des troubles que les républicains auront ainsi suscités.

Les 2,400 liv. que je vous ai envoyées le 27 du mois passé, sont pour vos appointemens jusqu'au 15 de février ; mais comme vous pourriez avoir besoin de quelque chose de plus, si vous jugiez à propos de quitter la France, je vous enverrai par le prochain courrier une traite de 1,200 fr. qui vous soldera jusqu'au 15 mars ; je n'écrirai rien dans la lettre qui lui servira d'enveloppe. Quant aux fonds que je vous ai fait passer pour le comité, je m'en remets à votre jugement et à celui de vos associés, étant persuadé que vous les emploierez de la manière que vous croirez la meilleure, dans le moment actuel, pour avancer vos projets.

Je retiens encore la lettre de *B*.... à un Anglais : le paquet est trop lourd pour être envoyé par la poste, et je ne l'expédierai que par une occasion sûre. Au reste, je pourrai prendre le parti de le faire imprimer en Allemagne.

Quant à votre long séjour en France, vous êtes en pleine liberté, et je vous recommande même de partir aussitôt que vous jugerez que votre présence n'est plus nécessaire ; et vous pourrez vous rendre en premier lieu à Off..., d'où vous m'écrirez pour me faire part de votre arrivée, et vous continuerez de suite votre voyage pour Munich. En arrivant ici, vous aurez soin de descendre directement chez moi, en *évitant* d'entrer dans la ville. Vous emporterez avec vous l'état le plus détaillé que vous puissiez vous procurer, des moyens qu'a votre comité, avec toutes les notices nécessaires sur la marche qu'il se propose de suivre, &c. — Je desire que vous puissiez établir au moins *trois canaux* pour le passage de la correspondance, afin de n'être pas au dépourvu en cas que celui de *Toulouse* [Strasbourg] vînt à manquer. Vous ne manquerez certainement pas d'échauffer le zèle de vos collaborateurs avant de vous séparer d'eux, en leur laissant entrevoir les grandes récompenses qu'ils tireront infailliblement de la réussite de leurs projets. Tâchez aussi de lier une bonne correspondance directe avec l'état-major de l'armée ; et s'il était possible de trouver deux à trois personnes à Strasbourg sur la fidélité desquelles on pût compter, cela nous deviendrait fort utile dans la suite.

Je verrai s'il est possible de faire graver, dans ce pays, le cachet que vous desirez ; mais je crois qu'il serait plus convenable de le faire graver à Londres.

Je crois vous avoir déjà dit de ne pas parler d'affaires à l'ami d'Off... il est déjà prévenu que vous pourriez bien retourner dans cette ville, et il lui a été enjoint de ne pas vous questionner en aucune manière.

N.° 8.

14 février 1804.

MONSIEUR,

VOICI les 1,200 livres que je vous ai annoncées dans ma dernière (n.° 7) du 27 janvier. Il n'était pas possible de trouver des lettres de change payables plutôt; mais vous pourrez les faire escompter à très-peu de perte.

Depuis la date de mon n.° 7, j'ai reçu votre n.° 15 du 19 janvier, qui ne m'est parvenu cependant que le 8 février. Le n.° 16 du 30 janvier, et votre lettre, même date, sont tous deux bien arrivés le 11 de ce mois. Je vais répondre briévement à chacune de ces lettres, en tant qu'elles demandent des réponses.

Je vous répète encore une fois, et ce sera pour la dernière, que je n'ai aucune agence en France, excepté la vôtre. Quant aux correspondans que je pourrais y avoir, je suis parfaitement à mon aise sur leur compte, malgré tout ce que vous me dites de leur prochaine arrestation.

Je n'ai aucun correspondant à Embden; mais comme les copies de vos lettres sont envoyées au président, il pourrait bien, s'il le juge à propos, soigner cet objet à *Bordeaux* [Londres]. Je vous ai déjà tranquillisé, quant aux tentatives de l'émissaire consulaire auprès des bureaux de poste allemands. Il ne réussira pas; mais le bruit de cette affaire a fait naître des craintes à un de mes agens dans ces bureaux, et il desire être débarrassé de sa besogne. C'est pour cette raison, ainsi que pour avoir de vous des notions plus claires et plus détaillées (que je ne trouve dans les bulletins), touchant l'état de l'intérieur, l'étendue de vos moyens et l'emploi que vous vous proposez d'en faire, que je vous prie de partir, le plutôt que vous pourrez, pour vous rendre à Off. . . . . et de là ici.

Je vous ai déjà indiqué les arrangemens qu'il faudra prendre, pour le passage de la correspondance, dans mes précédentes lettres, sur-tout dans les n.os 5 et 7. Il ne me reste qu'à vous prier de faire en sorte que les bulletins passent directement entre vos mains, de celles de l'ami à *Toulouse* [Strasbourg], sans l'entremise des bureaux de poste.

Je vous ai recommandé d'établir au moins deux autres canaux de communication (dont un sera Mayence), afin de ne pas être au dépourvu, dans le cas (possible) que celui de *Toulouse* [Strasbourg] vînt à manquer.

Le papier sur lequel vous écrivez est excellent *pour notre usage;* et comme il est impossible d'en trouver de cette espèce dans ce pays-ci, je vous prie d'en faire une bonne provision pour vous-même et pour moi.

Ce que vous me dites sur les armemens maritimes du premier Consul et leur destination, m'a paru assez intéressant pour être transmis sur-le-champ à *Bordeaux* [Londres]; mais vous ne vous êtes pas expliqué, quant *à la somme* que l'huissier demande pour l'entreprise qu'il vous a proposée il y a quelque temps.

Je suis excessivement peiné de toutes ces ridicules méfiances qui, d'après votre rapport, commencent à percer dans votre comité. Vous tâcherez de les faire cesser avant que de partir; et vous pouvez hardiment déclarer à vos amis, de ma part et de la manière la plus solennelle, que je n'ai aucune connaissance des circonstances et des événemens sur lesquels elles paraissent être fondées. Au reste, je vous prie de leur faire entrevoir qu'il sera de toute impossibilité pour moi de travailler efficacement avec eux, s'ils se laissent aller à leurs soupçons à chaque nouvel incident qui survient.

Il n'est pas nécessaire de m'envoyer la quittance du comité : il suffira que vous l'apportiez avec vous. Je ne dois pas oublier de vous prévenir qu'il vous faudra, en partant de *Châlons* [Paris], prendre vos mesures pour pouvoir y retourner, pour le cas que l'état de nos affaires puisse par la suite l'exiger.

Croyez-moi avec les sentimens de la plus parfaite estime,

Monsieur,

Votre très-humble serviteur,

Nota manus.

N.° 9.

Le 25 février 1804.

MONSIEUR,

VOTRE lettre du 10 m'est parvenue le 21; et celle du 13 vient de m'arriver dans ce moment. Il est très-instant que vous vous rendiez ici le plutôt possible, puisque je ne saurais vous donner des instructions ultérieures sans avoir été préalablement éclairci sur une infinité de points qui ne peuvent être discutés dans tous leurs détails que de vive voix; d'ailleurs, *mon homme* fait des difficultés quant au passage de nos lettres, et il nous faudrait établir le mode de communication dont je vous ai entretenu dans ma dernière.

Je suis prévenu de tous les événemens du 16 de ce mois, et je conçois bien que la police aura l'œil sur tous les voyageurs; par conséquent vous guetterez le moment propice, afin de ne courir aucun risque. Je n'ai su que par vous les détails relatifs à *Georges*, &c........ Je n'ai d'autre connaissance de ses projets que celle que votre lettre m'en fournit; mais si vous avez les moyens de tirer d'embarras quelques-uns de ses associés, ne manquez pas d'en faire usage. Je vous prie aussi très-instamment de faire dresser et imprimer sur-le-champ une courte adresse à l'armée (officiers et soldats), les interpellant de ne pas laisser périr *Moreau*, leur frère d'armes, qui les a si souvent menés à la victoire, comme victime de la rage et de la jalousie du premier Consul. Vous pouvez observer dans cette adresse, que le mérite de *Moreau* a depuis long-temps offusqué la vue du petit tyran, et que le premier Consul, pour se défaire de son rival, a choisi le moment de l'arrivée des nouvelles du malheureux sort de St.-Domingue, afin de détourner l'attention de la nation d'un désastre qui provient uniquement de sa mauvaise conduite. — Vous ferez bien de ne pas perdre un moment à faire cette petite adresse, et à la faire circuler par toutes les armées avec la plus grande diligence.

Je viens d'écrire un billet à votre homme de *Toulouse* [Strasbourg], pour l'engager à mettre vos lettres, à l'avenir, sous une enveloppe adressée à l'abbé *Dufresne;* en cas que vous m'écriviez encore avant votre départ, je vous prie de vous servir de cette adresse, et de ne plus faire usage d'aucune des douze que je vous ai indiquées dans ma lettre n.° 2.

L'émissaire dont je vous ai parlé, s'est fait promettre par quelques employés de poste, de transmettre tous les avis qu'il pourrait obtenir relativement à une correspondance avec moi, à l'adresse suivante :

Au citoyen *Dubois*, au bureau de la police militaire du ministère de la guerre, sous l'enveloppe du citoyen *Duroche*, marchand épicier, rue Saint-Honoré, n.° . . .

J'aurais voulu que vous n'eussiez pas fait faire la démarche dont vous me parlez auprès du maître de poste à K. . . , puisqu'il ne paraît pas qu'il sera dans le cas de nous rendre des services aussi long-temps que notre correspondance va son train, aussi bien qu'elle a fait jusqu'ici ; et je craindrais qu'il serait impossible de faire cette ouverture, malgré toute l'adresse et la précaution que votre homme pourrait y mettre, sans laisser apercevoir quelque chose de trop.

Quant à l'adjudant général dont il est question dans votre lettre du 13, je serais porté à lier une correspondance avec lui ; je ne m'y fierai qu'autant qu'il faut ; mais la somme qu'il demande n'est pas grande, et nous avons les moyens de constater si ses rapports sont vrais. Tâchez donc de mettre cette affaire en train avant votre départ.

Pour ce que vous me dites de vos projets d'opération, je vous en parlerai plus amplement quand je vous verrai ; en attendant vous pouvez assurer vos amis qu'on ne manquera pas d'y donner suite avec toute la promptitude que les circonstances comportent.

Je vous recommande encore une fois de bien arrange tout ce qui est relatif à la continuation de notre correspondance avant de partir.

Croyez-moi avec la considération la plus parfaite,

Monsieur,

Votre très-humble serviteur,

Nota manus.

N.° 10.

Monsieur,

Puisque le général (1) montre une telle confiance dans ses moyens; puisqu'il croit que le moment présent est singulièrement propice pour commencer les opérations; puisqu'il est d'opinion que si on le laisse échapper, des circonstances également favorables ne se retrouveront plus, l'*ami* (2) d'ici ne peut

---

(1) Il convient d'observer ici que tout ce qui a été écrit à M. *Drake*, au sujet du *général* dont il est question dans cette dernière lettre, et relativement à l'*huissier* dont il s'agit pages 22, 29 et 42, est une pure supposition, ainsi que le déclarera le correspondant même de M. *Drake*, dans le récit qu'il se propose de faire des entretiens qu'il a eus à Londres avec le Ministre anglais, et à Munich, avec M. *Drake*, sur l'objet de sa mission.

(2) L'*ami* est M. *Drake*, qui parle ici de lui en tierce personne.

qu'obtempérer à ses desirs, en lui promettant toute l'assistance qui dépend de lui. L'*ami* doit nécessairement abandonner les détails d'exécution au général, qui est sur les lieux, et qui est plus intéressé que tout autre à ce que les mesures soient bien préparées et bien combinées, que le but ne soit pas manqué. Il observera cependant qu'il est de la plus haute importance qu'on s'assure le plutôt possible d'une place *sur la frontière* de la France et de l'Allemagne, afin que l'ami puisse avoir une communication *libre, prompte, active et sûre* avec le général, pour la transmission de ce qui pourrait devenir nécessaire par la suite. Huningue sera la place la mieux située pour cet effet, d'autant plus qu'elle est assez rapprochée du champ des opérations principales.

Il faudra du moins établir des hommes affidés de six lieues en six lieues, depuis Besançon jusqu'à Fribourg, pour porter et reporter des avis.

La toute première opération paraît devoir être la saisie de *Blois* [Besançon], qui servira comme place d'armes et (en cas de malheur) de place de défense. Dans ce dernier cas, une partie des insurgés pourrait se jeter sur les Cévennes et les montagnes de l'ancien Vivarais, et s'y soutenir pendant long-temps, pourvu qu'on se ménage une communication sûre pour recevoir des secours pécuniaires, soit par Huningue, soit par *Metz* [Bâle] et la Suisse. Après s'être rendu maître de *Blois* [Besançon] et avoir insurgé les provinces voisines, on ne doit pas perdre un seul moment à agir dans *Châlons* [Paris] même. Tout doit être préalablement préparé et disposé pour opérer *là au premier instant* de cet embarras et de cette consternation du Gouvernement actuel, lorsqu'il apprendra les mouvemens dans les provinces.

Puisqu'il est bien constaté qu'une très-grande partie de l'armée, tant officiers que soldats, est très-mécontente de l'arrestation de Moreau, il est naturel que le général les satisfasse à cet égard, afin de s'assurer de leur aide dans le moment critique. Le général ne peut que s'apercevoir qu'il lui sera de la plus haute importance et de la dernière nécessité même, d'adopter, pour principe général, de profiter de l'assistance de tous les mécontens quelconques, et de les réunir tous pour le premier moment, de quelque parti qu'ils soient, en déclarant que le grand but de l'insurrection étant de mettre fin à la tyrannie qui pèse sur la France et sur l'étranger, tout ce qui est ennemi du Gouvernement actuel sera regardé comme ami par les insurrectionnels, étant très-instant d'ailleurs que toutes les démarches des insurrectionnels soient de la plus grande discrétion (sur-tout envers les partisans du Consul), afin de ne pas réveiller les frayeurs de ce grand

grand nombre de personnes qui se souviennent encore des maux qu'elles ont soufferts à plusieurs époques de la révolution. Le système pourrait être annoncé, dans la première proclamation, par deux mots : « Liberté et paix pour la France et pour le monde. » Ces réflexions sont spécialement recommandées à la considération du général, puisqu'une conduite opposée ne pourra pas manquer d'effaroucher le public en général, et par conséquent d'engager le plus grand nombre à se réunir au Gouvernement actuel, tout détesté qu'il est, plutôt que de s'attirer une répétition des scènes révolutionnaires dont le souvenir est encore frais dans leur esprit.

L'*ami* doit aussi prévenir le général qu'il a *acquis la certitude* que l'arrestation de *Moreau* a excité un mécontentement général et très-prononcé en *Alsace*. Ce général ayant un grand nombre de partisans dans cette contrée, on pourrait tirer grand parti de cette dissension, en agissant d'après les bases qui viennent d'être indiquées.

Quant aux secours pécuniaires, l'*ami* aurait desiré que le général lui eût présenté un aperçu de ce qui lui sera nécessaire pour les premiers mouvemens, ainsi que de ce qui pourrait le devenir par la suite. L'*ami* doit prévenir le général que cette ville n'étant pas une ville de commerce, il est toujours difficile et souvent impossible d'y trouver des lettres de change sur Paris (sur-tout des lettres à *courte date*) ; et l'*ami* est presque toujours obligé d'en faire chercher loin d'ici quand il en a besoin. Le général aura donc la bonté d'instruire l'*ami sur-le-champ* comment cet objet pourrait être arrangé, en lui marquant les sommes qui lui seront nécessaires, les époques auxquelles elles doivent être fournies, par quel canal on doit les transmettre, et si les remises doivent être faites en lettres de change sur Paris ou en espèces sonnantes. Dans ce dernier cas, on pourrait envoyer à l'*ami* quelqu'un de *confiance*, muni d'une autorisation pour les recevoir et pour les porter directement soit à *Châlons* [Paris], soit à *Blois* [Besançon], selon les besoins. Mais il faut observer qu'il ne sera pas possible de ramasser une forte somme tout-à-la-fois, ni en lettres de change, ni en espèces; il est donc de toute nécessité que l'on indique, le plus précisément que faire se pourra, les époques auxquelles l'argent sera nécessaire, pour qu'on ait le temps d'en faire la provision. Aussitôt que l'*ami* recevra les indications à cet effet, il prendra les mesures pour que les sommes dont on aura besoin soient déposées chez une personne sûre à Offenbourg, à Stutgard, et dans quelque autre ville plus rapprochée de la frontière, qui les délivrera à celui qui sera envoyé par le général, à moins que le général ne trouve bon de stationner une personne à lui, et dans laquelle il ait une confiance illimitée, à poste fixe dans une de ces villes (ou mieux encore à Fribourg en Brisgaw), expressément pour soigner cette partie, ce qui serait peut-être le plan le plus convenable.

On suppose que le général trouvera quelques fonds dans les caisses de l'État dont on s'emparera; mais dans le cas (possible) qu'on en ait besoin dans l'instant, avant que les remises arrivent, on pourrait remettre des bons payables au porteur dans le terme de quinze jours ou trois semaines. Les remises arrivant avant l'échéance de ce terme, on les acquittera dès-lors, et cette exactitude à remplir ces engagemens, ne manquera pas de donner un grand crédit aux insurrectionnels. Il y a une infinité de détails qu'on ne peut pas toucher dans cette lettre, puisque l'on ne veut pas retenir le voyageur plus long-temps; mais il en sera instruit de bouche.

Le général recevra, pour le moment, par le porteur, la somme de 9,990 francs faisant 10,114 liv. 17 sous 6 den. en quatre lettres de change sur Paris, dont trois payables le 3 germinal, et une le 5. L'*ami* a déjà pris ses mesures pour se procurer les sommes dont on pourra avoir besoin par la suite.

Munich, 16 mars 1804.

P. S. On peut écrire à l'*ami*, pour le moment,

par l'entremise de l'homme de confiance à *Toulouse* [Strasbourg]. L'adresse est à M. *l'abbé Dufresne*, conseiller ecclésiastique, à Munich en Bavière.

À PARIS, DE L'IMPRIMERIE DE LA RÉPUBLIQUE.
Germinal an XII.

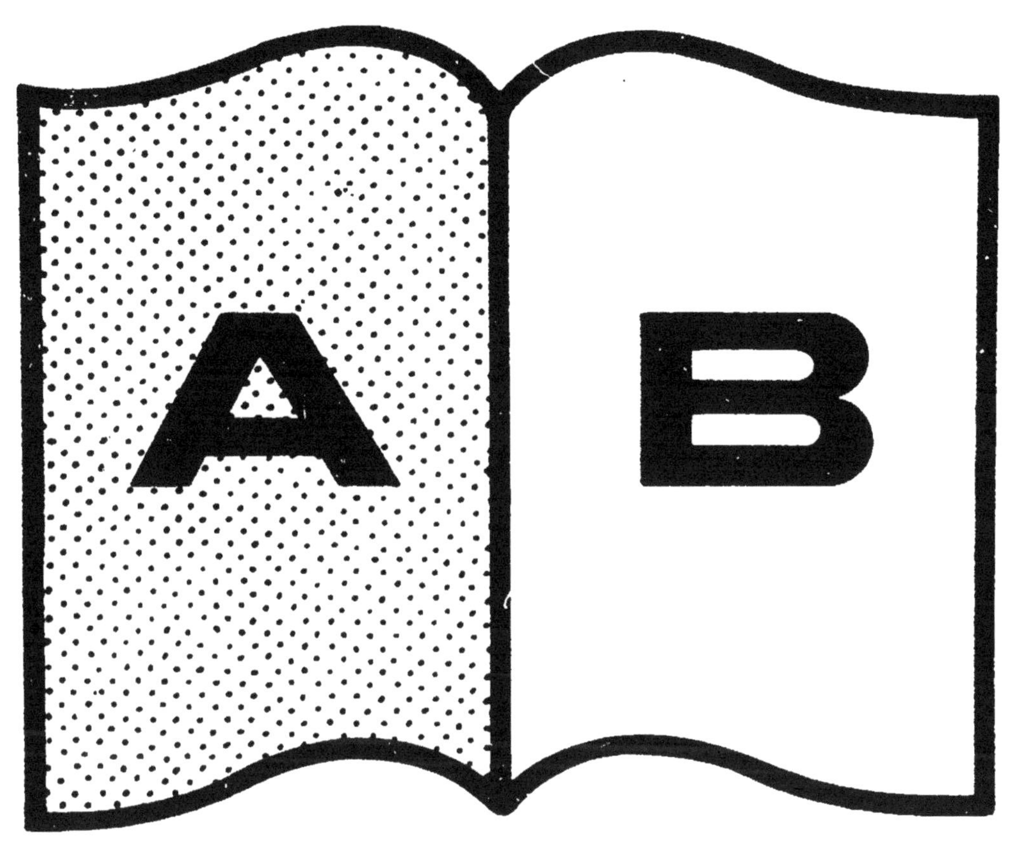

Contraste insuffisant

NF Z 43-120-14

www.ingramcontent.com/pod-product-compliance
Ingram Content Group UK Ltd.
Pitfield, Milton Keynes, MK11 3LW, UK
UKHW021148230726
13926UKWH00002B/988

9 782016 157008